AF339990

LE ROYALISME

EN PRÉSENCE

DES ÉLECTIONS.

PARIS, IMPRIMERIE DE DECOURCHANT,
Rue d'Erfurth, n° 1, près de l'Abbaye.

LE ROYALISME

EN PRÉSENCE

DES ÉLECTIONS,

PAR

M. LE Cte DE CALVIMONT-St-MARTIAL.

G. A. DENTU, IMPRIMEUR-LIBRAIRE,
AU PALAIS ROYAL, GALERIE D'ORLÉANS, 13.

—

1834

LE

ROYALISME

EN PRÉSENCE

DES ÉLECTIONS.

La révolution de juillet fut présentée par ses auteurs comme la victoire du bien sur le mal, d'un système meilleur sur un système ruineux et antipathique à la nation, comme en un mot la victoire de la liberté sur la tyrannie! Qui ne croirait aujourd'hui que le sens des mots est changé, et que cette révolution se conserve précisément par son opposition bien constante aux motifs qui ont paru la déterminer? Depuis long-temps les royalistes, par l'organe de la presse, ne cessaient de le dire, on pouvait repousser leurs écrits et contester leur témoignage; mais l'un d'eux est venu le prouver par un fait éclatant. M. Berryer, combattant tout seul contre un implacable adversaire, a pu néanmoins le terrasser, et demeurer victorieux dans une lutte mémorable qui a sauvé 25 millions à l'état (1). N'est-il donc pas vrai de dire, après cet exemple, que si le parti que M. Berryer représente à la Chambre y devenait plus fort, il parviendrait sans doute à sauver, non-seulement les finances de l'État des autres dangers qui les menacent, mais bien plus encore son existence sociale gravement compromise?

Dans la prévision, dans la probabilité de pareils résultats, un journal du Midi a donc eu raison de déclarer coupable l'aban-

---

(1) M. Berryer dans la discussion de la loi des 25 millions réclamés par les États-Unis.

don des intérêts du pays par le parti royaliste, et de condamner d'avance le sacrifice anti-national qu'on ferait à des considérations ou à des opinions privées. Quel est le légitimiste, en effet, qui n'ait pas dit : Honneur à M. Berryer, dans toutes les phases de sa conduite à la Chambre depuis quatre années? Où donc pourrait être aujourd'hui le déshonneur à l'imiter? Au contraire, c'est le courage, c'est le dévoûment qui nous appelle auprès de lui; car seul jusqu'à ce jour, le premier à la brèche, il a combattu pour nous, et l'honneur veut que partout où il y a combat, chacun y prenne part. Il doit toujours être possible de défendre le bon droit, de détruire l'oppression qui pèse sur les peuples, et jamais les croisades et leurs héros n'eussent fourni à notre histoire ses plus belles pages, si nos pères s'étaient crus obligés de ne jamais mettre le pied sur la terre des infidèles.

Si dans la dernière législature, une majorité, composée pour la plupart d'hommes timides ou intéressés, n'a pas toujours

néanmoins résisté aux représentations sages
et entraînantes d'un député légitimiste; si
naguère on a vu le jury prononcer l'acquit-
tement d'un journaliste célèbre, dont la
doctrine tend sans cesse à réformer la révolution de juillet par les lois du royaume
au nom desquelles on avait prétendu l'opérer: espérons que ces exemples de justice
et de raison, donnés successivement par les
représentans du pays, seront bientôt suivis
par d'autres plus importans, espérons que
dans ceux-ci la nation trouvera son salut
tout entier. Le mouvement de réforme pro-
viendra d'une opposition forte et compacte;
cette opposition, il faut le penser, sera
formée surtout par le royalisme qui, sans
porter sur ses bannières cette légende men-
songère : *Liberté, ordre public*, a toujours
su, par sa politique franche et indépen-
dante, procurer à la France le plus de gloire
et de de bonheur.

Tel se présente, par ses souvenirs, le royalisme aux prochaines élections; mais pour
mieux le juger, il importe d'examiner par

quels actes le parti qui profita de la révolution de 1830, a depuis cette époque justifié ses promesses. Il ressortira de cet examen que la situation déplorable où les événemens de juillet ont placé l'État ne saurait se prolonger sans l'exposer à périr. L'intervention des royalistes dans l'assemblée qui doit décider de son sort, offrant donc l'unique remède qu'on puisse opposer à ses maux, il conviendra d'aplanir, autant que possible, le chemin des élections à un parti toujours plus esclave de sa conscience que de l'ambition du pouvoir, et de détruire la barrière que lui a opposée jusqu'ici la plus louable susceptibilité sur le point d'honneur, mais que les malheurs et l'intérêt de la patrie commandent aujourd'hui de franchir.

En 1830, dans une brochure intitulée : *le Libéralisme en présence des Elections*, je démontrai combien serait dangereuse une chambre nommée selon les vues de ce parti. Je prouvai, en démasquant sa conduite inconstitutionnelle, que le libéralisme était le plus mortel ennemi de la Charte de 1814. La chambre de 1830 la détruisit en effet bientôt après, au moins dans ses principales bases. J'avais donc raison alors de montrer aux électeurs, dans le royalisme, le meilleur élément de conservation. Aujourd'hui où son concours est indispensable pour réédifier et rendre à la France une prospérité passée, je peux le recommander encore aux électeurs avec d'autant plus de force qu'il offre pour garantie, non des promesses qui peuvent être trompeuses comme celles du libéralisme, mais le souvenir de tout le bien qu'il a fait. On doit ajouter à cette garantie celle qui résulte de l'expérience de ses nouveaux malheurs, et qui lui apprendra sans doute désormais à prévenir leur retour.

PREMIÈRE PARTIE.

Le fondement le plus important de la Charte reposait sans contredit sur l'hérédité de la couronne. Aujourd'hui la grande plaie de la France, la division des partis, résulte précisément de l'anéantissement de ce principe inviolable. Si l'on revenait, dit l'opinion royaliste, à l'hérédité, telle que l'avaient fixée les anciennes constitutions et la Charte de 1814, on assurerait l'avenir du pays. Objectera-t-on que ce principe est conservé par rapport à l'autre dynastie, et qu'en fait de royauté comme d'administration, dans un aussi grand état, dominé par tant d'intérêts divers, il ne faut point admettre le droit exclusif d'une famille à la couronne? Je répondrai d'abord que dans ce système il ne saurait y avoir aucune constitution possible. Car si l'une de ses bases pouvait changer, autant vaudrait ne reconnaître qu'une sorte de lois pour régir les peuples, celles qu'on appelle lois du moment. Non, on ne doit pas admettre en bonne politique ce qu'on nomme l'entraînement impérieux des événemens, qualifié naguère de *loi de nécessité* par un ministre déchu : dans toute société les hommes doivent être conduits par le devoir appliqué aux circonstances.

Ainsi ce n'est point seulement parce que le principe d'hérédité favorisait la branche aînée, que son application devait être faite en faveur du jeune héritier qu'il désignait. Mais les lois antiques et modernes de la France relativement à ce principe ne pouvaient pas être censées détruites en 1830 par des faits quelconques dont la cause se rapportait à des ministres et les rendait seuls responsables. Or, personne n'essaiera de justifier, au nom de l'intérêt du pays, la proscription de l'hérédité telle qu'on l'a vue à cette époque ? Cette proscription n'a pu avoir lieu précisément qu'en faveur d'une famille nouvelle, au préjudice de la famille ancienne. Qu'on ne nous parle plus dès-lors, comme garantie de l'ordre social en France, du principe de l'hérédité royale consacré par la Chambre de 1830 au profit de la branche cadette de la maison de Bourbon. Son avénement au trône ne s'est opéré qu'en violation d'un pareil principe qui durait depuis quatorze siècles. Long-temps encore donc, si cette branche cadette subsiste, il y aura, non plus un principe pour la garder, mais au contraire un fait destructeur de ce principe pour la condamner. Comment pourrait-elle, en effet, invoquer aujourd'hui en sa faveur l'hérédité, en présence de Henri V qui est héritier, et qui pourtant vit en exil, de Louis-Philippe qui ne l'est pas, et qui pourtant siége sur le trône, et du duc de Chartres, enfin, héritier présomptif d'un droit que son père n'a pas acquis lui-même par hérédité?

L'hérédité de la couronne et les garanties qu'elle offre aux rois comme aux peuples manquent entièrement à l'ordre de choses actuel. Qui oserait répondre de l'avenir de la France, si cet état devait durer? Toute prospérité sociale ne deviendrait-elle pas, en effet, impossible? et si la France ne périssait pas sous les ruines d'un trône qui aurait manqué de l'appui nécessaire et commun à tous les autres, elle périrait également en épuisant toutes ses ressources pour le conserver. Et d'abord, les nations voisines, ennemies des révolutions, conserveront, tant que la nôtre durera, une attitude hostile et armée. Ce n'est point que je leur attribue une affection spéciale pour la branche aînée des Bourbons : certes personne ne peut plus y croire aujourd'hui. Mais les gouvernemens étrangers ont foi surtout dans le principe de légitimité, et dans l'influence qu'il exerce sur leurs peuples : s'ils ne se sont pas armés, s'ils n'ont pas fait la guerre pour l'aider à se rétablir en France, ce doit être, non par condescendance pour ses ennemis, mais par crainte pour eux-mêmes. Dès-lors, disposés à ce sentiment, qui durera autant que sa cause, ils resteront armés contre notre révolution, contre ses hommes et ses conséquences. Partant, pour faire de notre côté convenablement équilibre à une situation aussi menaçante au dehors, nous devons nous armer comme nos voisins, et supporter sans cesse d'immenses sacrifices, utiles non à la patrie, mais au gouvernement de juillet, et n'ayant ni l'honneur français pour motif, ni la gloire pour indemnité.

Les usurpations, ou si l'on veut les royautés révolutionnaires, ont toujours pour résultat de se mettre en état de guerre contre le reste de l'Europe. Napoléon diminua l'inconvénient de cette déplorable nécessité par les pages immortelles qu'il sut ajouter à notre histoire. Napoléon ne ramassa le sceptre qu'après l'avoir relevé pour ainsi dire à sa hauteur sur des monceaux de lauriers; et encore, on sait ce qu'il est advenu de prospérité et de bonheur au peuple français sous son empire; on sait si les nations rivales, après avoir tremblé sous son glaive, et s'être presque universellement rangées sous ses aigles vainqueurs, n'ont pas fini par le refouler de conquête en conquête jusque sur son point de départ; par reprendre les anciennes limites de la France qu'il avait trop étendues pour lui, et qu'il ne défendit pas assez pour les conserver; par le rayer de la liste des souverains, lui qui naguère les avait vus presque tous à ses pieds pour obtenir d'y être conservés ; et enfin, par prélever sur notre pays des sommes d'argent énormes, en représailles de la longue suite de désastres que nous leur avions occasionnés.

Mais le règne de Louis-Philippe, en présentant aux puissances étrangères tous les caractères et tous les dangers d'une révolution, sans appeler à lui la gloire qui éblouit ou la puissance qui subjugue, a suscité l'armement général qui nous environne. Eh bien! cet armement, en se prolongeant, tuera le pays par ses finances qu'il épuise, par la méfiance dont il le rend l'objet, par la déconsidération dont il le frappe. Le pays consentira-t-il à demeurer long-temps inoffensif dans cet état de suspicion européenne? Louis-Philippe le voudrait à tout prix. Napoléon pourtant, dès le commencement de sa carrière, crut que toute disposition hostile au dehors était un obstacle qu'il fallait d'abord renverser, une sorte de guerre d'où il devait sortir vainqueur, comme pour y gagner ses éperons de roi et son diadème d'empereur.

Aussi, après avoir déjà fait depuis long-temps avec succès cette guerre, et voulant la pousser à bout dans un dernier acte de son terrible drame, qui devait lui livrer le sceptre de la Russie, il répondait à Marie-Louise, lorsqu'elle résistait à cet excès d'entraînement : « Quand on n'a pour » conserver un trône d'autres titres que » ceux d'une grande gloire, il faut toujours » en conquérir une nouvelle. Je suis en- » gagé dans cette route, m'y arrêter ce se- » rait me perdre. » Il est vrai qu'il s'est perdu précisément de cette manière; mais un point d'arrêt lui eût été également fatal. Ainsi, un droit incontestable à la couronne, ou une gloire continuelle qui en soit l'équivalent, voilà le double et unique soutien possible d'un roi légitime et de celui qui ne l'est pas : c'est Napoléon qui l'a dit. Je ne connais pas dans l'histoire un plus bel et plus juste hommage rendu à l'hérédité ou au principe de légitimité qu'elle consacre.

Si donc les étrangers armèrent contre un guerrier fameux à qui était venue l'idée de tresser à la mesure de sa tête une couronne au milieu des lauriers dont il était environné, et de s'envelopper bientôt de la pourpre impériale, qu'il avait trouvée parmi ses trophées de victoire, quelle doit être, je le demande aujourd'hui, l'hostilité de leur pensée et de leurs projets contre un gouvernement nouveau, dont l'exemple est bien plus offensant et bien plus dangereux pour les rois de l'Europe que ne le fut celui de Napoléon ? Ce dernier se raffermit sans doute par les succès qu'il remporta sur eux ; mais du moins ces succès étaient surtout obtenus contre les peuples eux-mêmes, et les rois, en partageant l'infortune de leurs sujets, voyaient presque toujours les liens qui les unissaient se resserrer davantage à mesure que cette infortune croissait. Une pareille situation n'avait donc, pour les potentats de l'Europe, rien que de rigoureux, mais rien d'humiliant. La patrie s'unissait intimement à leur sort, et s'ils périssaient, elle devait périr avec eux.

Le trône de Louis-Philippe doit avoir à leurs yeux une bien autre origine : c'est en effet la conquête d'un trône légitime par la sédition. Si ce funeste exemple n'a pas encore produit, à leur préjudice, les terribles effets qu'il semble réserver à leur avenir, pense-t-on que les souverains, éclairés par leur expérience, veuillent bien se les dissimuler à eux-mêmes? S'ils ne posèrent les armes qu'après la chute de l'Empire, puis qu'ils les ont reprises depuis l'avénement de Louis-Philippe au trône, personne ne croira qu'ils abandonnent tout-à-coup, en désarmant, et leurs intérêts, et les secrètes intentions qui s'y rattachent? Napoléon, en attaquant les peuples et les rois ensemble, et pour une même cause, resserrait singulièrement leurs rapports communs. Le principe, au contraire, qu'a développé ou employé Louis-Philippe pour conquérir la couronne, tend à les briser. D'ailleurs c'est pour eux un danger unique et passager, qui se présente tous les mille ans, comme l'a dit Châteaubriand, qu'un homme qui fait tomber tous les trônes devant les prodiges de sa gloire et de sa valeur, en composant une armée qui renverse toutes les autres armées; et en se montrant soi-même général plus habile que tous les autres généraux de la terre. Mais, lorsqu'on cherche sa puissance dans la pesanteur des pavés, et qu'on stipendie des bras vigoureux pour les lancer contre une couronne royale, tous les jours, les monarques peuvent craindre qu'un aussi infâme, mais facile abus de la force, ne se répète contre eux-mêmes, et qu'un trône ainsi posé sur des monceaux de pavés, ne

s'éboule avec un nouvel ébranlement auquel ils doivent se tenir prêts à résister.
Rarement il se présente un conquérant qui,
ayant déjà obtenu le plus beau des trônes
par ses victoires, conspire encore à réunir
sur sa tête toutes les couronnes de l'univers.
D'ailleurs, comme c'est la force qu'il oppose, on peut espérer, en augmentant sans
cesse la force qui doit le combattre, dompter
enfin sa gigantesque ambition. Mais lorsque
près du trône lui-même, envers le chef inviolable et légitime de l'État, au milieu
en quelque sorte de la grande famille
sociale, on emploie pour renverser bien
moins la force que la corruption, c'est l'a-
néantissement complet de la morale publi-
que; la force brutale même ne devient plus
un moyen de faire cesser ce désordre, car la
corruption la dénature et la détruit elle-
même. Ainsi s'explique en toute exactitude
la dissolution des peuples. Les tentatives de
conquêtes dirigées contre eux, ces calamités
et les efforts sublimes qui en sont la suite,
les régénèrent souvent et leur rendent pour

long-temps une vigueur que le sentiment
de la conservation sait donner. Les révolutions intestines anéantissent au contraire
ce sentiment.

Si donc, en 1814, les maîtres de l'Europe
crurent n'avoir recouvré leur sécurité
qu'après avoir renversé le triomphateur des
temps modernes, à plus forte raison ne dé-
sarmeront-ils pas pour laisser toute indépendance à une révolution voisine qui, sous
une forme encore monarchique, menace
réellement leurs trônes, et ébranle jusqu'aux fondemens de la société. Ils ne désarmeront point, car le contingent de chaque
état, dans l'armement général, n'est pas
exorbitant pour ses ressources financières ;
et d'ailleurs les rois doivent augurer que
la nécessité qui les oblige à ces grandes me-
sures de précaution sera de courte durée,
car en présence des événemens qui se suc-
cèdent, ils pensent sans doute que le pouvoir de juillet porte avec lui les germes
d'une inévitable dissolution.

Les étrangers désarmeront d'autant

moins que la France, pour se montrer
en quelque sorte capable de résister seule
à cette réunion formidable de leurs préparatifs de guerre, impose à son trésor des sacrifices énormes qui, réagissant par l'impôt sur chaque individu, fatiguent déjà le
pays jusqu'à la lassitude, et l'auront bientôt épuisé jusque dans ses dernières ressources.

Ainsi, la nécessité de faire équilibre aux
dispositions des grandes puissances con-
duira infailliblement le gouvernement de
juillet à sa perte, fût-il toujours réduit à
son état actuel d'inaction au dehors : or, la
durée de cette nécessité dépend des rois
eux-mêmes qui sont intéressés à en faire
un instrument de mort pour le pouvoir
actuel. Quoi qu'il en soit, j'ai démontré
que ses relations à l'extérieur étaient loin
de favoriser l'économie de nos deniers.
Que serait-ce donc si, puisant dans des do-
cumens qu'on dit secrets, et après avoir
parlé de ce qu'il en coûte pour se préparer
aux besoins préventifs de la défense, je

cherchais à démontrer ce qu'il en coûte surtout pour obtenir que les étrangers n'attaquent pas ?

Toutefois, laissant à l'incertitude ce qui lui appartient, je ne parlerai point des sommes qui, d'après un journal, auraient été soldées aux diverses puissances pour acheter de chacune d'elles la paix qu'on veut paraître néanmoins leur imposer ? Je conclurai seulement que l'abolition du principe d'hérédité de la couronne, par le maintien de l'ordre actuel des choses, nous place toujours en état de guerre au dehors, et que si pendant long-temps nos finances doivent faire face aux préparatifs et aux sacrifices que cet état exige, leur ruine est assurée. Avec l'application de ce principe, au contraire, nous rentrerions en bonne harmonie avec l'Europe, et nous ne paierions plus aussi cher la place que nous occupons dans le rang des peuples : voilà le langage que le parti légitimiste peut seul faire entendre. Je le demande, la nation n'est-elle pas intéressée à l'apprécier ? si ce parti, peut lui faire partager ses convictions, dès ce moment, elle sera sauvée ; et peu lui importera la rivalité ou l'abandon de l'Europe ; elle aura dès-lors triomphé de tous ses dangers.

Que serait-ce encore si nous portions nos regards à l'intérieur ? Le sang qui a coulé à Lyon, à Paris, dans la Vendée ; les émeutes continuelles qui viennent parfois affliger nos cœurs ; ces mouvemens de troupes dirigées vers des contrées toutes françaises ; ces préparatifs de siége qui s'agitent partout ; ces rumeurs publiques qui semblent désigner d'avance les divers champs de bataille, comme des bulletins qui précèdent de grands combats ; le deuil et l'effroi répandus encore dans tout le pays à la suite des douloureux événemens dont il vient d'être le théâtre, n'attestent-ils pas cette guerre intestine qui a déjà éclaté plusieurs fois parmi nous, et qui semble sans cesse sur le point d'éclater de nouveau ?

Or, il en coûte et des hommes, et de l'argent, pour entretenir cette guerre calamiteuse; et certes, il est encore quelque chose de plus fâcheux que ces pertes : c'est le motif qui nous les occasionne. Que le pays paie ses propres malheurs, en ne trouvant même dans ce qui en amène la fin que de nouveaux sujets d'amertume, c'est là pour la patrie une situation affreuse ; elle doit la conduire rapidement à sa perte. Que cette nécessité cesse. C'est donc là la première plaie à guérir, le premier abîme à combler. Cet abîme, c'est la révolution de juillet qui l'a ouvert. Guerre préventive à l'extérieur, guerre continuelle à l'intérieur, position sociale que chaque jour empire, finances qui se dévorent par des nécessités sans cesse plus malheureuses : tels sont les résultats de cette révolution que l'imprévoyance d'un ministre favorisa, mais dont toute la responsabilité, quant au pays, pèse sur la Chambre de 1830. Eh quoi ! depuis cette époque elle a sanctionné les sanglantes répressions exercées contre le républicanisme lorsqu'il s'est présenté avec ses enseignes déployées, et elle prétendrait n'avoir pu en

1830 faire exécuter la Charte dans ce qu'elle avait de plus sacré, au milieu d'une révolution qui avait pris cette Charte elle-même pour drapeau ! L'histoire ne le croira pas. Toutefois, elle croira découvrir dans ce grand et terrible drame, que le principal dénoûment se rapporte à l'intérêt d'une famille. Mais en attendant qu'elle élève son imposante voix, il faut que le pays fasse entendre la sienne : les élections sont le seul interprète qu'il puisse employer. Le royalisme doit donc y avoir recours; quand le pays est consulté, le parti légitimiste ne saurait se taire ; sa voix sera d'autant plus prépondérante, qu'il n'a jamais varié dans ses doctrines et dans son zèle à les soutenir. Le royalisme n'est pas suspect : il a toujours accepté la Charte avec le principe de légitimité. Ses ennemis ont voulu cette Charte sans ce principe, ils ont tout perdu : c'est donc lui seul qui peut tout sauver.

DEUXIÈME PARTIE.

Il appartient au royalisme seul de parler de liberté et de bonne administration du pays. La liberté, il l'a toujours fait ressortir du respect de tous les droits et de l'observation de tous les principes. Les prenant pour ce qu'ils sont sans les dénaturer, on ne l'a pas vu les outre-passer ou les détruire. Se laissant dominer par eux plutôt qu'il ne cherche à les dominer, ce n'est jamais dans des promesses qu'il a fait consister le bonheur de la nation, mais il avait préféré l'accoutumer à le trouver dans elle-même. Ne se méfiant pas d'elle, il ne l'a jamais pressurée, et si l'on a abusé de la

liberté qu'il accordait jusqu'à ne faire sur-
gir autour de lui que des ennemis, il a
donné en ne l'empêchant pas un des plus
beaux exemples de tolérance politique. Que
si cependant cette tolérance l'a conduit à
une catastrophe qui lui a été fatale, il faut
moins, dans l'état de la question, l'accuser
que ceux qui ont commis les abus.

Mais aujourd'hui l'opinion doit le juger
sur ses propres faits : or, si la France aime
toujours la liberté, et qu'elle reconnaisse
en avoir joui davantage avec le royalisme,
il devra donc triompher de nouveau. Que
prenant la France pour arbitre, il se présente seulement à la barre de son tribunal.
Ce tribunal, c'est celui des élections. Ou le
royalisme y apparaîtra comme témoin dans
le grand procès qui s'agite entre le pays et
la révolution, et il pourra déposer de tout
le mal qu'elle lui fait; ou bien il paraîtra
devant la nation comme partie du procès
qu'elle doit juger, et alors, si la France
justifie ses intentions, si elle proclame
l'utilité des secours qu'il lui offre, il doit

se tenir prêt à réaliser de nouveau le bonheur qu'il lui a procuré. Se rendre dans les colléges électoraux et voter, c'est donc faire acte de dévoûment à la patrie dans une occasion qui va encore une fois décider de ses destinées. Louis-Philippe, il est vrai, a placé comme intermédiaire, entre ce devoir et les royalistes, un serment qui doit être prêté en sa faveur. Mais si Louis-Philippe n'a pas ce droit, faudrait-il que, lié à la nation par des devoirs sacrés, le royalisme cédât à l'intention secrète de Louis-Philippe ou de son gouvernement, qui serait d'empêcher les électeurs royalistes de donner leurs voix au pays ? Non, car en bonne morale comme en bonne politique, s'il se présente des difficultés dans les affaires de la patrie, c'est toujours en sa faveur qu'elles doivent être résolues.

Le serment demandé aux électeurs, loin d'être un obstacle, disparaît entièrement par sa nullité. C'est la thèse qu'il me reste à développer. Partout où il y a des intérêts divers à conserver, chacun d'eux doit être environné de garanties spéciales. Toute mesure qui serait prise en faveur de l'un de ces intérêts et qui tendrait à détruire l'autre, doit être frappée de nullité complète aux yeux de la conscience et de la raison. Cette disposition préside à nos lois civiles les plus simples. Ainsi, dans l'état actuel de la France, tel que l'a fait la révolution de juillet, il y a trois pouvoirs bien marqués; l'un des trois a le titre de souverain ; si on lui refuse toute supériorité, au moins n'est-on pas recevable à lui contester l'égalité avec les autres, avec le pouvoir royal surtout, qui, depuis les événemens de 1830, n'est plus considéré que comme mandataire des deux premiers. Or, le serment exigé par Louis-Philippe ôterait au pouvoir populaire sa puissance, car ce prince, lui ayant à lui-même prêté serment, cesserait dès-lors d'être mandataire, et il deviendrait l'unique et suprême arbitre de la France. Tout serment qui limite l'action du pouvoir populaire et du vote est donc nul. Celui qu'on impose aux électeurs l'est, parce que l'on l'exige comme condition du vote; partant, il n'est pas libre en présence de la clause pénale qui y est attachée. Voter est un droit du citoyen ; si le serment au roi des Français en est une condition, le vote rentre alors dans le domaine royal : nouvelle preuve que le serment n'est plus libre, et par là même il est nul.

Napoléon l'avait bien compris ; car, avant d'obliger les Français à lui jurer fidélité comme empereur, il voulut se donner l'air d'être élevé au trône par leur libre choix. Il ouvrit en effet des listes d'adhésion et de refus à son impériale candidature, de telle sorte que ceux qui écrivaient *oui*, pouvant écrire *non* à côté, avaient dû croire à l'efficacité de leur vote ; favorable ou contraire, il était jeté dans la balance, sans rencontrer auparavant un obstacle qui lui ôtât sa liberté.

Ainsi, le conquérant des royaumes sentit que cette liberté d'élection, au moins apparente, était nécessaire à l'établissement de son pouvoir absolu. Mais la sanction que

Louis-Philippe et son gouvernement de-
mandent au vote électoral est-elle libre?
Non; il faut même que cette sanction pré-
cède le vote, ou le vote n'aura pas lieu.
Il faut, sous un gouvernement prétendu
constitutionnel, qui doit naître de l'assentiment successif et unanime des peuples,
que cet assentiment n'ait pas même le
mérite de l'indépendance quant à ceux
qui l'accordent, et qu'il ait toute l'appa-
rence de la tyrannie qui ordonne et qui ne
consulte pas de la part de ceux qui l'exigent.

Observons tout d'abord, que ce serment,
suivi du vote qui, de sa nature peut le détruire, et qui, vu sa liberté intrinsèque,
repousse tout ce qui la limite, est un contre-sens politique. C'est comme si Napoléon avait exigé que tous ceux qui écri-
raient leur signature sur la liste d'adhésion, comme sur la liste de refus, lui prê-
teraient au préalable le serment de fidélité. Mais lui ne faisait pas de contre-sens;
car c'est au contraire pour avoir été trop
conséquent avec lui-même, avec son insa-

tiable mais noble ambition, qu'il a péri :
avant de se déclarer roi absolu, il voulut
paraître franchement élu pour tel.

Les légitimistes ici, au contraire, pas
plus que les autres opinions, n'ont été con-
sultés sur la royauté de Louis-Philippe.
Dans cette question, leur dénomination
même exclurait la possibilité d'aucun
doute ; liés cependant au pays par des devoirs qu'explique suffisamment leur qua-
lité de français, ils reconnaissent aujour-
d'hui que, vu l'état de violence, de malaise
et même de péril où se trouve la nation,
c'est un devoir sacré pour eux d'user de
tous leurs droits afin de l'arracher à ce péril. Semblables au brave pour qui tout est
une arme avec laquelle il cherche à vaincre
chaque fois que le secours de son bras lui
est démontré utile pour sauver une victime
des coups de l'oppression, ils sont prêts à
entrer dans la lice électorale.

Cependant à l'accomplissement de ce devoir est liée l'obligation du serment. Le serment, sous ce rapport, n'est donc pas une

chose dont on puisse indifféremment s'affranchir; car s'en affranchir, ou renoncer
au vote à cause du serment, c'est refuser de
servir la patrie, parce que Louis-Philippe
prétend imposer à ce service une condition
qu'il n'a pas le droit d'exiger. La preuve que
le serment ne peut être expliqué ici que
comme formalité indirecte, c'est que l'objet du vote n'a pas de rapport avec lui. En
effet, la question qui s'adresse aux électeurs n'est pas celle-ci : Voulez-vous ou
non être fidèles à Louis - Philippe? Cette
question, trop chanceuse peut-être, n'a
jamais été soumise à la France à cause
de ses chances mêmes. Ici, je conçois
que le serment pouvant être fait ou re-
fusé librement, il prendrait une véritable
gravité.

Mais il n'en est pas ainsi; la seule et véritable question dont les électeurs doivent
s'occuper est la suivante : Voulez-vous ou
non voter? Si maintenant l'affirmative entraîne avec elle une condition qui, n'étant
point inhérente au droit, accuse ceux qui

l'exigent, de dénaturer ainsi le droit lui-
même, la faute ne retombe que sur eux.
Les royalistes ne considérant que le droit,
subiront, pour en user, un joug dont lui
seul peut les affranchir, et avec d'autant
plus de nécessité que ce joug lui-même pro-
teste des craintes du pouvoir. Ces craintes
ont reçu un éclatant manifeste par la convocation des colléges électoraux avant la
révision des listes; convocation subite qui
prive des milliers d'électeurs de l'exercice
de leurs droits, mais qui, en anticipant sur
l'époque qu'il eût été plus convenable de
lui assigner, constate évidemment l'effet
certain que nous proclamons, et que le
gouvernement court seulement la chance
de retarder. Cette circonstance remarqua-
ble impose encore plus aux royalistes le
devoir de céder à la violence qu'on leur impose. Cette violence détruit leur responsabilité quant aux actes qu'elle entraîné.
Par la nature même du vote le serment est
tout-à-fait arbitraire : comme tout acte de
violence l'équité le condamne.

S'agit-il, dans l'élection, du pouvoir royal? Non. C'est au contraire pour lui faire équilibre, pour composer un autre pouvoir, qui doit en être tout-à-fait indépendant, que les élections ont lieu. Le serment à un pouvoir différent de celui qu'il s'agit de constituer est donc une anomalie, et s'il est exigé, comme on se doit avant tout, dans cette action, à l'autre pouvoir, l'obligation est de tout faire pour le servir, et en le servant, on est censé n'avoir agi que pour lui seul.

Dirait-on alors qu'on est libre de ne pas voter? mais il en est de la vie sociale comme de la vie humaine : le suicide est toujours défendu. Ainsi, un gouvernement né de la révolte s'établit : lui payer l'impôt, c'est certainement s'associer à son illégitimité et au mal qu'il entraîne. Mais chaque individu considère que s'il ne paie pas cet impôt, ses propriétés seront confisquées, le sort de sa famille et de sa personne compromis ; cette considération, prise de l'intérêt individuel, le détermine à payer l'impôt.

Hé bien, si la morale a ses lois, ses concessions en faveur de cette sorte d'intérêts, elle a aussi plus que cela, elle a ses exigences en faveur de l'intérêt social qu'elle protége surtout, et si, d'après elle, tout doit être sacrifice, privations, peines et labeurs pour l'homme qui se consacre au bien de la société, croit-on que cette même morale, qui préside avant tout au bonheur des peuples, n'autorise pas également certains sacrifices en leur faveur?

Cherchant à interpréter son langage dans la question qui nous occupe, nous pourrions d'abord le trouver tout entier dans cet axiome, que de deux maux *il faut choisir le moindre*. Or, si c'est un mal (en ne l'admettant ici que par hypothèse) de prêter un serment par violence, lorsque ce serment est néanmoins la condition d'un vote indispensable, ne serait-ce pas un bien plus grand mal d'empêcher par son fait négatif une élection utile, d'abandonner ainsi l'Etat à la merci de ses ennemis, et, sous le prétexte de rester fidèles à un ancien principe, de rendre le triomphe de ce principe et le retour de ce qu'il consacre impossibles par une inaction qui devient alors volontaire? Mais il est des règles en politique d'après lesquelles il ne saurait plus y avoir ni doute ni erreur. Comment, en effet, le serment est-il imposé aux élections? Il l'est au moyen d'une loi faite en 1831, par des députés qui étaient, eux et les électeurs dont ils avaient reçu leur mission, liés par un serment antérieur. Donc, par cette loi, le gouvernement actuel a établi en principe qu'un serment ne lie les électeurs qu'autant qu'il convient à leurs mandataires de l'interpétrer. Donc, d'après lui, le serment ne lie pas toujours, et sans concerner en aucune manière le maintien du trône, il n'est qu'un acte arbitraire qui n'empêche point le corps électoral d'arriver par son vote à se donner des députés entièrement maîtres d'en régler le sort. De plus, le principe de souveraineté populaire, qui est la base de la Charte de 1830 et des lois postérieures qui en sont émanées, doit les réduire toutes à son sens naturel, sous peine de faire accuser d'infidélité à cette même Charte, ceux qui prétendent lui avoir sacrifié à propos la plus vieille monarchie de France. La loi de 1831 n'a pas le droit d'exiger pour le vote un serment qui apporte une restriction à son étendue, lorsque cette étendue n'a de limites que celles de la souveraineté populaire dont est revêtu non-seulement chaque électeur, mais chaque individu français.

Or, si la plupart des héros de juillet, pris dans les rangs inférieurs de la société, ont néanmoins pu décider d'une royauté, et si, par suite de leurs succès contre elle, on a établi et mis en vigueur le principe de souveraineté populaire, il n'est pas probable que ce principe, écrit dans la charte de la révolution, en ait été tellement effacé qu'on n'en puisse plus retrouver l'application, même dans le droit électoral, bien moins décisif et bien moins dangereux sans doute que celui des barricades et des coups de fusil. L'exigence du serment même par une loi n'a donc pu établir qu'une simple formalité. Le principe de souveraineté préexistant interdit, sous peine de nullité, de créer rien au-delà. Tout ce qu'on peut admettre, c'est que la violence qui l'impose est légale; mais la légalité n'ôte rien à la violence de ses caractères; et le principal de tous est de rendre responsables ceux qui l'exercent, autant qu'elle dégage la conscience de ceux qui la subissent.

Raisonnons maintenant d'après l'autorité royale telle qu'elle est attribuée à Louis-Philippe. La Chambre de 1830 s'assembla en vertu de l'ordonnance de Charles X. Je ne rappelle pas tous les actes de cette fatale époque, celui du 7 août principalement. Comme la Chambre des députés n'avait reçu de mandat que pour faire des lois, elle n'a pu agir que par ce moyen de procéder; comme elle n'avait qu'une existence provisoire; comme les lois de leur nature sont temporaires, celles qu'a décrétées la Chambre de juillet ne peuvent être considérées autrement. Je sais bien que les hommes qui l'ont exploitée se refuseront à cette doctrine, et présenteront la Charte et tout ce qu'elle consacre comme immuable. Je ne m'occupe point de leur croyance, je les livre à leur égoïsme. Je ne m'occupe que des faits qui doivent influer sur l'opinion des électeurs. Ces derniers doivent croire que toute révision suprême des actes du gouvernement et des lois antérieures est au moins un droit, puisqu'à une autre époque on a érigé en mérite l'exercice de ce droit. Ainsi le corps électoral étant un corps vraiment constitutif, quel ne serait pas le contre-sens de son pouvoir, si ses attributions étaient limitées ou enchaînées par ce dont il doit décider l'existence?

Dirait-on que les légitimistes, qui n'adoptent point Louis-Philippe ni la souveraineté populaire, ne peuvent prêter un serment qui consacre l'un et l'autre, et que d'ailleurs, s'ils le font, ce n'est pas comme ils l'entendent qu'il sera reçu, mais comme l'entendent ceux qui le recevront? cette dernière partie de l'objection me fournira ma réponse. Tout ce qui a précédé établit en effet que nos législateurs modernes ne peuvent exiger dans le serment qu'une vaine formule ; car, s'ils exigent une fidélité aveugle à la personne du roi, que devient alors le pouvoir du peuple ? Sa sanction seule, la plus large et la plus libre, doit prononcer si ce roi continue ou non de mériter la confiance de la nation.

Mais dans l'hypothèse de la validité du serment, cette sanction, loin de ressortir du vote, devrait au contraire, dans tous les cas, le précéder ; de sorte qu'en supposant au chef de l'Etat les plus grands torts, ou la plus grande incapacité, jamais le vote ne pourrait servir de garantie à la France contre lui. Ainsi, concluons que ce ne serait pas le principe de souveraineté populaire, mais bien celui de la souveraineté royale qui serait la base du gouvernement actuel. La partie du serment qui contient la mention de fidélité au roi est donc un mensonge politique. Or un individu puissant qui, dans son propre intérêt, impose un mensonge évident, est censé connaître la vérité : on ne peut donc pas croire le tromper; se soumettre à son injuste et inutile exigence n'a rien qui puisse compromettre la conscience.

Si les mêmes législateurs imposent par la seconde partie du serment une entière fidélité à la Charte de 1830, comme cette Charte consacre directement la *souveraineté populaire*, quoiqu'elle soit loin d'en être le fruit, c'est précisément pour appliquer à l'État tous les remèdes dont semble disposer cette souveraineté, que les royalistes, usant de ce principe sans le proclamer bon en soi dans un état de choses régulier, veulent déposer leur vote dans l'urne électorale. Ainsi vainement alléguerait-on en faveur de la Charte de 1830 que les royalistes, après avoir prononcé la formule du serment, seront obligés de se montrer fidèles à toutes ses dispositions, puisqu'il leur suffirait d'user de la plus étendue pour détruire les autres, la nécessité venant à l'exiger. Dans le langage de cette Charte, en effet, s'il est du moins français, on ne connaît pas de limites au mot de souveraineté, ni à l'idée qu'il exprime. Le sens d'après lequel et Louis-Philippe et la Charte interprètent la formule que les royalistes prononceront, ne peut être plus douteux pour eux que pour nous. Je crois avoir prouvé que le serment est dépourvu de toute force en le considérant uniquement dans les mots qui le composent. Que serait-ce si je parlais de la déclaration qui, le précédant, suffirait pour détruire sa force morale ?

On ne dira plus actuellement que les royalistes, qui récusent Louis-Philippe et la Charte de 1830, ne sauraient, en aucun cas, se soumettre au serment. D'une part il leur est rendu indispensable pour exercer leur droit souverain, et de l'autre il est l'unique mesure de leur opinion quant à Louis-Philippe, quant à la Charte de 1830, et quant à tout ce qui concerne la nation. Cela posé, ce serait bien le cas de retourner l'objection contre ceux qui nous l'adresseraient,

et de dire : Il serait inconcevable que les électeurs opposés au gouvernement de juillet
n'allassent pas dans les colléges protester,
par l'élection, de leur volonté souveraine.

Voudrait-on néanmoins leur en faire un
déshonneur à cause du serment? Mais ce-
lui-ci étant immédiatement suivi du vote
qui peut le modifier ou le détruire même,
si telle est la pensée des électeurs, cette
volonté, recouvre ainsi toute sa puissance,
elle peut en tout honneur faire ce qui lui
est inspiré, et rompre ses chaînes avec l'instrument même qui en fournit le moyen.
Donc la souveraineté populaire ne peut plus
rencontrer d'entraves dans le serment,
puisque cette entrave vient lutter contre
un principe qui la brise aussitôt.

Dirait-on enfin que par cette manière
de raisonner, les royalistes, faisant eux-
mêmes usage du principe de la souveraineté
du peuple, reconnaîtraient implicitement
la Charte de 1830, ou la partie de cette
Charte qui le consacre? Je répondrai
que non; l'homme qui se défend contre

une attaque, qui se sert pour cette défense de l'arme qu'il a saisie sur son ennemi, n'établit point par là qu'user d'une arme contre autrui soit une chose toujours bonne et licite. D'ailleurs, user n'est pas approuver : l'un peut être quelquefois le fait du besoin; l'autre est toujours celui de la volonté. On arrive souvent mieux à son but par des voies qui lui semblent opposées : témoin cet ancien qui disait : *Si vis pacem para bellum*, et dans la guerre politique comme dans l'autre, il n'y a que les crimes qui engagent la conscience, tandis que d'un autre côté la plus habile tactique consiste à tourner contre les ennemis les armes dont ils se servent eux-mêmes, et quand une fois les armées comme les partis ont commencé la bataille, il n'y a plus ni perfidie ni trahison possible, il n'y a que gloire et bonheur dans tout ce qui mène à la victoire.

Si l'on m'objecte que cette doctrine tendrait à justifier la conduite du libéralisme sous la Restauration, je répondrai que le juste-milieu, ci-devant libéralisme, loin de s'être franchement déclaré en guerre, faisait le serment, aux élections comme dans toutes les charges publiques, en protestant de son immuable attachement au roi et à la Charte d'alors ; au roi et à la famille royale, dont il a voulu expulser jusqu'au souvenir ; à la Charte, dont il a méconnu la souveraineté autant qu'il était en lui, en y substituant la sienne. Le libéralisme, pour arriver à ces odieux résultats, s'est servi de moyens plus odieux encore, puisque celui par lequel il travailla surtout à les rendre plus faciles, fut de protester sans cesse contre eux. Je ne connais rien d'affreux comme la dissimulation contre ceux qu'on traite en amis, pour mieux les immoler à une guerre qu'on leur dérobe. C'est pourtant à l'aide de cette dissimulation que les libéraux sont arrivés à leur fin : elle est trop odieuse pour que le parti royaliste ne renonce pas à en suivre l'exemple, lors même qu'il devrait en retirer des avantages analogues. Non, et nos projets, et nos déclarations n'ont rien de la duplicité, de la tartuferie de nos vainqueurs. Notre conduite n'aura rien du *cynisme* de leur apostasie. Parce qu'on sait que telles sont les dispositions, tels sont les sentimens du parti royaliste, on ne manque pas de lui faire certaines objections que sa délicate susceptibilité peut seule examiner un instant. Mais son honneur et son franc langage sont en mesure de détruire les sophismes qu'on lui oppose; et comme sa conduite a toujours été circonscrite dans la ligne du devoir, il la livre sans crainte à l'appréciation de l'Europe.

C'est le devoir ou le droit de tout Français électeur de voter; ce n'est pas le devoir, ce n'est pas le droit du gouvernement de l'empêcher par une considération qui lui soit personnelle. C'est donc lui qui doit moralement d'abord, et matériellement plus tard, porter tout seul la peine d'un serment hostile à la liberté d'opinion qui est de l'essence du vote, un serment qui a pour alternative, ou d'établir un privilége en faveur de l'opinion dans le

corps qui doit la créer lui-même par son
indépendance, ou de frapper d'une sorte de
déshonneur ceux qui, méconnaissant ce privilége et toutes les influences qui tendent
à le constituer, se seraient montrés jaloux
avant tout de déposer leur vote dans l'urne
que la France leur présente.

Après avoir ainsi écarté les difficultés
qui peuvent d'abord faire naître des doutes
dans les esprits, effrayer même quelques
âmes timorées, le moment me semble venu
de résumer le langage de la morale en ces
termes : Sans doute s'il était possible de
voter sans prêter serment, ce parti serait préférable. Qu'on le demande même,
si on le juge à propos, en présence du
collége ; qu'on emploie tous ses efforts
pour l'obtenir ; mais s'ils sont inutiles,
la conscience peut se contenter de leur
effet moral, car, dès-lors, le serment ne pro-
venant plus du libre arbitre des électeurs,
n'est qu'une vaine formule. Quand on est
maître de ses sentimens, et qu'on appelle
de son propre mouvement le langage pour

en faire entendre l'expression; quand c'est cette fidélité du cœur qui parle; quand c'est la foi dont on dispose qu'on jure, alors, nul doute, c'est un serment qu'on prête. Mais quand au contraire on s'y soumet parce qu'on ne peut faire autrement, attendu que sans lui il est interdit de remplir un devoir public et pressant; quand ceux dont la force subjugue, et qui, relativement au serment, savent bien qu'ils ne peuvent exiger que les sons qui en rendent les mots; comme l'homme, même le plus puissant, n'a d'empire sur l'homme par la violence qu'à l'égard de ses actes matériels, alors bien évidemment, si l'on exige le serment, ce n'est plus, pour celui qui l'impose, le for intérieur auquel il s'adresse; ce n'est plus, pour celui qui le prête, le langage qui vient au secours de la pensée ; c'est au contraire la pensée qu'il immole au langage; il ne fait donc pas un serment, mais il lit ou ré-cite une simple formule qui vient expirer sur ses lèvres.

Qu'est-ce qui importe le plus en morale?

c'est qu'on ne puisse jamais se méprendre sur la pureté de l'intention, et quand elle est suffisamment connue et appréciée, comment craindre qu'elle trompe la Divinité, qui voit et sonde tout ce qu'il y a de plus caché? On dira peut-être que résister à ce que ne sauraien justifier les plus strictes règles de la morale, doit enfanter le martyre politique, comme un sentiment pareil, mais plus sublime, enfanta le martyre religieux. Je répondrai d'abord que les martyrs de la foi avaient à obéir au tyran, persécuteur de leur religion, dans tout ce qui touchait à la politique, quoiqu'il persécutât leur religion; ensuite ils encouraient et bravaient avec courage le martyre quand on exigeait d'eux des actes ou des paroles propres à outrager le Dieu qu'ils adoraient, et à leur ravir la foi qu'ils lui avaient jurée. D'ailleurs de si beaux exemples de dévoûment et de fidélité à une religion sainte devaient, pour une victime immolée, lui susciter aussitôt cent imitateurs; et ainsi s'accomplissait l'oracle de Dieu, que sa religion s'élèverait triomphante du sein de la misère, des humiliations et des supplices.

En politique aussi, je le proclame, le martyre est sublime, soit qu'il provienne de l'énergie d'un dévoûment volontaire ou de l'accomplissement d'un devoir indispensable. Ainsi, l'homme qui meurt simplement pour avoir crié *vive le roi*, et qui s'y est exposé volontairement, mais dans un moment où il est beau de proclamer ses sentimens de pure fidélité, et celui qui marche au supplice pour avoir, dans un instant utile, employé le concours de ses efforts au succès d'une noble et importante entreprise, ces deux hommes sont également grands à mes yeux. Caro et Secondi étaient des hommes obscurs! Admirons ce courage qui les faisait s'exposer au milieu des combats pour le triomphe de la légitimité; mais leur sang répandu, sur l'échafaud, en faveur de la cause des rois, gravera à jamais, dans le cœur et de nous et de nos descendans, leur glorieux souvenir, et la palme du martyre sera conservée pour eux par la postérité,

comme pour d'autres les trophées de la victoire.

Le sang du juste et du brave fortifie la
religion et la cause pour lesquelles il est
versé. L'homme qu'animent des sentimens
généreux suit les nobles exemples, et, en-
vieux de les reproduire en lui, les dangers
le séduisent alors plus qu'ils ne l'effraient.
Le martyre religieux et le martyre politique
n'ont donc même pas l'inconvénient qu'ils
semblent d'abord présenter, celui de sacrifier ceux qui s'y dévouent; car, à côté de la
mort qui frappe, est en quelque sorte la
vie qui ressuscite.

Mais en est-il de l'existence des peuples
comme de celle des individus? Le devoir
est souvent de sacrifier la seconde à la
première. Le devoir n'est jamais d'exposer
la première à des dangers certains.

Sous ce premier rapport donc, livrer la
France à ses ennemis en lui refusant le vote,
ne me paraît pas donner l'honneur ni le
mérite du martyre. Il ne peut y avoir martyre que quand on se sacrifie au devoir.

Or, pour le royalisme il est aussi un devoir qui n'est plus en question aujourd'hui, celui de rendre enfin à une cause trop abandonnée le secours de son élection. Mais en renonçant à l'exercice de ce devoir, à cause d'un serment imposé par la violence, il se montrerait, à mon avis, sans égard pour l'expérience du passé, pour l'exigence du présent, et pour les besoins de l'avenir.

Je crains donc que parmi les électeurs qui refuseront de s'associer au mouvement électoral, on n'attribue pas à tous la perfection du sentiment qui les fait agir. Aux uns, peut-être, on reprochera d'avoir cédé à la crainte; à d'autres, d'avoir conçu la prévision d'une circonstance qui pourrait flatter la vanité. Un excès d'honneur les aura pourtant seul inspirés; mais en politique, c'est au bien général du pays, et non aux opinions individuelles, que l'honneur semble se rattacher avant tout.

Mais c'en est assez. Tout raisonnement ne semble-t-il pas trop froid et superflu pour déterminer les électeurs royalistes à un acte que réclame de leur part l'affreuse position de tout ce qui les attache à la patrie, et de tout ce qui leur est cher au dehors? La France languit. Si la tourmente révolutionnaire cesse un moment d'agiter ses fureurs contre elle, alors, dans son deuil, elle n'a pas même la consolation d'exciter la pitié des nations voisines. Rivales dans sa prospérité, elles deviennent cruelles ou menaçantes dans son infortune. Rendons-la nous-mêmes à cette prospérité, et ce sera le seul moyen de lui faire recouvrer la prépondérance qui lui convient. Certes, quel est le moyen que ne justifierait suffisamment un pareil résultat? Que les électeurs royalistes se présentent donc, qu'ils se précipitent aux élections pour voter. Le serment les arrêterait sur le seuil du collége électoral! mais qu'ils songent alors qu'en se dépouillant de leur passagère, mais grande magistrature, ce n'est pas leurs simples droits qu'ils abandonnent à l'intrigue et à l'arbitraire, mais ceux de tout un peuple.

Qu'ils songent que leur serment ne doit avoir de durée que celle d'une fonction qui finit aussitôt que leur bulletin est déposé dans l'urne; qu'ils songent qu'on n'apprécie un serment que par son motif et sa portée. Or, la reconnaissance obligée du gouvernement de Louis-Philippe ne doit leur servir précisément qu'à effectuer le choix du député qui convient le plus à leur conscience. De cet immense avantage à l'entière réparation de nos malheurs, il semble n'y avoir plus qu'un pas étroit à franchir! Que les royalistes ne l'oublient pas non plus! la vraie fidélité impose tous les genres d'efforts et de sacrifices en faveur de ceux à qui on l'a jurée (1); mieux vaudrait pour eux

---

(1) Il y a tout un livre sur la question qui nous occupe, dans le passage d'une lettre écrite par un des électeurs les plus honorables du Midi; nous la soumettons ici à nos lecteurs comme un résumé complet de toute discussion sur le serment, et comme le meilleur guide que pourraient appeler à elles toutes les consciences honorables :

« Je vote, mandait le comte de B... à son fils, qui est

la haine qu'ils pourraient combattre, qu'une fidélité mal entendue, qui, par excès de scrupule, ne craint pas même de ruiner et de perdre les plus chers intérêts. Du vote, aujourd'hui surtout, peut dépendre le salut de la patrie. C'est en le réglant sur de nouvelles idées que Charles X crut sauver l'État par les ordonnances de 1830. Il courut la chance d'opérer ce salut. Du moins, comme ce n'est pas l'épreuve du vote lui-même qui lui en a donné le démenti, nous sommes autorisés à le penser.

Les royalistes, au contraire, qui prendraient le parti, en ce moment, de renoncer entièrement au vote, feraient, à mon avis, le véritable coup d'état qui risquerait de perdre à jamais le pays et la cause dont

---

aussitôt parti pour aller voter avec lui, je vote parce qu'en le faisant je crois ne blesser que mes goûts et non ma conscience; attendu qu'une formule arrachée par la force, et j'appelle force l'obligation de la prononcer ou de renoncer à la défense et aux intérêts de son pays, ne peut être obligatoire malgré le nom de serment qu'on lui a fausssement appliqué. »

il est inséparable. Nos ennemis préten-
dirent que le roi très-chrétien s'était
rendu parjure par ses ordonnances; ils
voulaient, au moyen de cet injuste re-
proche, assurer le succès de la révolution.
Aujourd'hui de même on ne manque pas
de crier au parjure contre le parti légitimiste, parce qu'il se dispose à donner son
vote : on veut ainsi l'en empêcher par la
terreur magique de ce mot. Dupes, ne le
soyons plus, car c'est à un intérêt de parti
que la cause nationale a été immolée. Gens
de conscience et de bonne foi, soyons-le
toujours : voilà pourquoi nous ne devons
reconnaître de serment que là où il est
libre. Mais quand, pour mieux y contrain-
dre, on le confond avec un droit dont le
pays réclame l'exercice de notre part,
alors que le pays soit servi, et le serment, devenant ainsi de force majeure, ne
s'explique plus que par les intérêts du
pays lui-même, c'est-à-dire de la manière
dont chacun entend les expliquer et les
défendre.

www.ingramcontent.com/pod-product-compliance
Lightning Source LLC
Chambersburg PA
CBHW061557080726
47597CB00004BA/1567